BEI GRIN MACHT SICH IHR
WISSEN BEZAHLT

- Wir veröffentlichen Ihre Hausarbeit,
  Bachelor- und Masterarbeit

- Ihr eigenes eBook und Buch -
  weltweit in allen wichtigen Shops

- Verdienen Sie an jedem Verkauf

Jetzt bei www.GRIN.com hochladen
und kostenlos publizieren

Bibliografische Information der Deutschen Nationalbibliothek:

Die Deutsche Bibliothek verzeichnet diese Publikation in der Deutschen National-
bibliografie; detaillierte bibliografische Daten sind im Internet über http://dnb.d-
nb.de/ abrufbar.

Impressum:

Copyright © 2016 GRIN Verlag, Open Publishing GmbH
Druck und Bindung: Books on Demand GmbH, Norderstedt Germany
ISBN: 9783668248793

Dieses Buch bei GRIN:

http://www.grin.com/de/e-book/334628/die-atombombenabwuerfe-auf-hiroshima-
und-nagasaki-hintergruende-und-folgen

Joshua Schwarz

Die Atombombenabwürfe auf Hiroshima und Nagasaki. Hintergründe und Folgen

GRIN Verlag

GRIN - Your knowledge has value

Der GRIN Verlag publiziert seit 1998 wissenschaftliche Arbeiten von Studenten, Hochschullehrern und anderen Akademikern als eBook und gedrucktes Buch. Die Verlagswebsite www.grin.com ist die ideale Plattform zur Veröffentlichung von Hausarbeiten, Abschlussarbeiten, wissenschaftlichen Aufsätzen, Dissertationen und Fachbüchern.

Besuchen Sie uns im Internet:

http://www.grin.com/

http://www.facebook.com/grincom

http://www.twitter.com/grin_com

Elsa-Brändstörm-Schule Hannover

Seminarfach Geschichte

Schuljahr 2015 / 2016

Die Atombombenabwürfe auf Hiroshima und Nagasaki

Hintergründe und Folgen

Inhaltsverzeichnis

Die Atombombenabwürfe auf Hiroshima und Nagasaki

1. Einleitung

Hiroshima und Nagasaki. Wenn man diese beiden Städte hört, denkt man sofort an den zweiten Weltkrieg und den Einsatz der ersten Atombomben. Doch wer entdeckte die Atombombe und warum wurde sie entwickelt? Welche Gründe hatten die USA die Bomben gegen Japan einzusetzen? Welche Folgen hatte der Einsatz für die dort lebenden Menschen? Gab es einen speziellen Grund dafür, dass Hiroshima und Nagasaki als Ziele ausgewählt wurden?

All diese Fragen sollen in der folgenden Arbeit beantwortet werden.

Dabei wird zuerst die Entstehungsgeschichte der drei Atombombentypen „Trinity-Bombe", „Little Boy" und „Fat Man" dargestellt. Danach werden die Hintergründe gezeigt, die die USA dazu veranlassten die Bomben einzusetzen und es wird kritisch erläutert, ob dieser Einsatz gerechtfertigt war.

Nachdem die Hintergründe erläutert wurden, wird der Ablauf des entscheidenden Tages, dem 06. August 1945 , chronologisch dargelegt.

Außerdem wird die Wirkung einer Atombombe ausführlich erläutert und in ihre einzelnen Phasen unterteilt.

Daraufhin wird auf die sozialen Folgen für die Menschen eingegangen, die den Atombomben zum Opfer fielen und welche Leiden sie davon trugen.

Am Ende wird die Arbeit reflektiert und die zentralen Ergebnisse werden bündig zusammengetragen.

2.1 Die Geschichte der Atombombe

Den Grundstein für die Entwicklung der Atombombe legten die Wissenschaftler Otto Hahn und Fritz Straßmann 1938 mit der „Erschließung von Kernenergie"[1] „Ihnen Gelang die Kernspaltung indem sie ein Uranatom mit Neutronen beschossen. Während des Spaltungsvorgangs werden weitere Neutronen freigesetzt, die für eine Kettenreaktion im Uran sorgen. Hierbei werden sehr große Energiemengen freigesetzt."[2]

---

1 Greune, Gerd: Hiroshima und Nagasaki. S.11
2 Ebenda

Entscheidend für die Verwendung dieser Entdeckung war der, kurze Zeit später beginnende, zweite Weltkrieg. Die Wissenschaftler E. Wigner und L. Szilard wendeten sich an Albert Einstein, der schon zu Lebzeiten eine Legende war, und baten ihn, einen Brief an den damaligen amerikanischen Präsidenten Roosevelt zu schreiben. Er teilte dem Präsidenten mit, dass es generell möglich sei eine Atombombe zu entwickeln und die Kernspaltung Energiemengen freisetzt, die jede bisherige bekannte Sprengkraft um weiten übertreffe. Außerdem bestand die Sorge, dass die Nazis eine Atombombe entwickeln könnten. Es stellte sich heraus, dass diese Sorge berechtigt war, denn deutsche Physiker planten bereits die Entwicklung einer solchen Bombe. „So traf am 24. April 1939 beim Reichskriegsministerium ein Brief des Hamburger Professors Paul Harteck ein, in dem darauf hingewiesen wurde, dass durch die Hahn'schen Ergebnisse die grundsätzliche Möglichkeit [...] [eines] neuartigen höchst explosiven [Sprengstoffes] gegeben sei."[3] „Daraufhin mobilisierte das Heereswaffenamt alle in Deutschland verfügbaren Atomforscher denen die Herstellung von Uranbomben und Uranmaschinen aufgegeben wurde."[4] Für dieses Vorhaben war zwar genug Uran vorhanden, da Deutschland kurz zuvor die Tschechoslowakei überfallen hatte, jedoch mangelte es an Geld und mehrere Rückschläge während des Krieges sorgten für eine langsame Entwicklung auf deutscher Seite. Außerdem mussten die Forscher immer wieder ihre Arbeit, durch die Verschiebung der Ostfront, unterbrechen. So kam es, dass Deutschland zum Kriegsende nur einen nicht einsatzbereiten Kernreaktor besaß, der sich im heutigen Haigerloch befand.

Der Brief Einsteins erreichte Roosevelt am 11. Oktober 1939. Jedoch gingen auch die Anfänge der amerikanischen Atombombenentwicklung eher schleppend voran, da Roosevelt Einsteins Behauptungen nicht vollständig Glauben schenkte und es innerhalb der Militärbürokratie Rivalitäten gab. Daher wendete sich Einstein 1940 noch ein mal an Roosevelt, um ihm die Vorgänge in Deutschland mitzuteilen. Diesmal bringt es den Präsidenten dazu, die Erforschung der Kernspaltung voranzutreiben, „[...] wobei

---

3 Ebenda S.11f.
4 Ebenda S.12

zeitweise bis zu 125.000 Arbeitskräfte zusammengezogen wurden."[5] Die vorbereitenden Forschungen waren im Sommer 1942 abgeschlossen und man konnte sofort mit der gezielten Entwicklung einer Atombombe beginnen. „Unter dem Decknamen >>Manhattan District<< wurde ein riesiger Forschungs- und Industriebetrieb gegründet."[6] Die Leitung der Forschung übernahm Robert Oppenheimer, da dieser sich seit 1939 intensiv mit Uran beschäftigte und die militärischen Zwecke dieses Stoffes erforschte. So war er der perfekte Kandidat für die Amerikaner.

Das „Manhattan Projekt" bestand aus mehreren Unterprojekten, die sich mit verschiedensten Aspekten der Atomwissenschaft beschäftigten. Oppenheimer war in Los Alamos ansässig. Dort wurde die Bauart der Atombombe entwickelt, die kritische Masse des Urans errechnet und Methoden zur Zündung der Bombe erforscht. Weitere Unterprojekte waren der Gewinn von Uran aus Erz und der Bau des ersten Kernreaktors. Alles was in Verbindung zur Entwicklung der Atombombe stand, wie der Manhattan District, wurde von den USA als streng geheim behandelt.

Je weiter die Entwicklung voranschritt, desto mehr Wissenschaftler, die anfangs noch den Bau einer Atombombe befürworteten, machten sich sorgen, wofür die Regierung die Waffen einsetzen wird, nachdem das geplante Ziel, der Erzfeind Deutschland, kapituliert hatte, ohne das ein Einsatz der Atombombe nötig war und man fragte sich, welche Folgen die Bombe haben wird. Noch bevor die erste Atombombe erfolgreich getestet wurde, war den Wissenschaftlern klar, dass nur Japan als Ziel in Frage kommen würde. Auch Albert Einstein sagte später: „Hätte ich gewusst, daß [sic] es den Deutschen nicht gelingen wird, eine Atombombe zu entwickeln, dann hätte ich keinen Finger gerührt."[7] Und auch andere Wissenschaftler schrieben eine Denkschrift, in der sie sagen, dass die „militärischen Vorteile und die Rettung von Menschenleben leicht mit der Welle von Abscheu und Ablehnung aufgewogen werden könnten und die öffentliche Meinung sich vielleicht spalten würde. Daher sollte man die neue Waffe vorher einer

---

5 Ebenda S.12
6 Ebenda S.12
7 Ebenda S.13

Demonstration vor den Vereinten Nationen unterziehen. Sollten die Nation es billigen die Waffe gegen Japan zu verwenden, muss man Japan ein Ultimatum setzten und ihnen die Möglichkeit geben, gewisse Gebiete zu evakuieren."[8] Es war offensichtlich welche Zerstörungskraft diese neuartige Waffe haben musste, wenn sich eine Vielzahl von Wissenschaftlern solch große Sorgen machte, obwohl die Bombe nicht einmal am Ende ihrer Entwicklung stand. Weitere namhafte Wissenschaftler versuchte den amerikanischen Präsidenten Harry S. Truman, welcher der Nachfolger vom verstorbenen Roosevelt war, von einem Einsatz der Atombombe abzuhalten. So schreiben sie an den Präsidenten: „Wenn sie einmal als Waffe eingesetzt ist, wird man sich der Versuchung, sie im Kriege anzuwenden, kaum entziehen können. Die Nation, die den Präzedenzfall für den Einsatz dieser neu entfesselten Naturkraft zu Vernichtungszwecken schafft, wird möglicherweise die Verantwortung dafür zu tragen haben, daß [sic] sie das Tor zu einer Ära unvorstellbarer Zerstörung öffnet."[9] Diesen sehr ernst zu nehmenden und berechtigten Appell ignoriert Truman jedoch, da die Bombe nicht nur den Weltkrieg beenden sollte sondern aus seiner Sicht auch die Führung in der Nachkriegswelt bringen würde.

So wurde unter dem Decknamen „Trinity" eine Atombombenexplosion, auf einem Versuchsgelände in New Mexico, vorbereitet. Die sogenannte Trinitybombe wurde am 16. Juli 1945 um 5:30 Uhr gezündet. Oppenheimer schätzte die Sprengkraft auf 300t TNT, doch dieses Ergebnis war weit von der tatsächlichen Sprengkraft entfernt. Die Messungen ermittelten eine Sprengkraft von 20.000t TNT. So war die Sprengkraft ungefähr 66 mal so stark, wie zuerst angenommen. Der einzige beim Test anwesende Journalist „H. Lawrence von der New York Times beschreibt die Explosion wie folgt: „Das war ein Sonnenaufgang wie ihn die Welt noch nie gesehen hat: Eine riesige grüne Supersonne stieg im Bruchteil einer Sekunde über 3km hoch und dann immer höher bis in die Wolken und beleuchtete unvorstellbar grell Himmel und Erde ringsum. Nach einigen Sekunden kam der Donner. Die Feuerkugel wuchs zusehends und verwandelte sich in einen hohen

---

8 Ebenda S.14
9 Ebenda S.14

Riesenpilz."[10]Anwesende Soldaten seien von der Druckwelle zu Boden geworfen worden und einige Augenzeugen beschrieeen die Explosion als Todessonne. Oppenheimer, der Vater der Atombombe, findet folgende Worte nach dem gelungenen Test: „Ich bin der Tod geworden, der Zerstörer der Welten."[11] Diese Beschreibungen lassen jeden erahnen, egal ob er die Folgen von einem Atombombeneinsatz kennt oder nicht, welche geballte Zerstörungskraft diese Art von Bombe besitzt.

Der erste Einsatz unter Testbedingungen ist somit den Amerikanern als erste und bis zum damaligen Zeitpunkt einzige Nation gelungen. Somit waren sie noch inoffiziell die erste Atommacht der Welt und genossen somit ein unendliche scheinendes Machtmonopol.

2.2 Die Hintergründe der Atombombeneinsätze

Ursprünglich war die Atombombe dazu gedacht, den Erzfeind Deutschland zu besiegen, jedoch kapitulierte dieser im Mai 1945 noch bevor Amerika eine fertige Atombombe besaß. So wurde das zu Anfang des Jahres noch starke Japan als neues Ziel ausgewählt. Doch war der Einsatz einer Atombombe gegen Japan überhaupt notwendig und was veranlasste Truman dazu, diesen Schritt zu gehen?

Historiker haben mehrere Gründe, die die USA dazu gebracht haben könnte, eine Vernichtungswaffe dieser Art einzusetzen. Als Hitler den USA den Krieg erklärte und Japan den amerikanischen Militärstützpunkt Pearl Habor, der sich im Pazifik befand, angriff, wurde der europäische Krieg zum globalen Weltkrieg und es kam zu einem direkten Konflikt zwischen Japan und den USA ohne das Russland direkt daran teilgenommen hatte. Mit dem Kriegseintritt Japans startete auch ihr Vormarsch, bei dem sei „bis Mai 1942 nahezu sämtliche Kolonien Europas in Südostasien eroberten".[12] Auch Anfang 1945 wirkte die Lage Japans immer noch imponierend. So besaß Japan „Korea, die Mandschurei, ganz Nordchina, bedeutende Küstengebiete im Süden, Französisch-Indochina, Malaya, Thailand, die Hälfte von

---

10 Ebenda S.14
11 Oppenheimer, J. Robert nach: GeoEpoche. Kriegsende 1945. S.114
12 Fröhlich, Elke: Der zweite Weltkrieg1939-1945. S.215

Burma.“[13] Jedoch wendete sich das Blatt im Juni 1942. Amerika konnte kurz nach dem D-Day eine Landung in Japan erfolgreich durchführen und „Insel für Insel befreien“[14]. Außerdem war eine noch größere Invasion für den Herbst des Jahres geplant. Also warum die Atombomben, wenn Amerika erfolgreich gegen das praktisch besiegte Japan vorgehen konnte? Der Historiker Raymond Cartier begründet die Sorge vor der Invasion wie folgt: „Die japanische Entschlossenheit zur Selbstaufopferung, der Tod auf Befehl oder die hohe Selbstmordquote ließen Briten und Amerikaner einen hohen Blutzoll für ihr Invasionsprojekt befürchten. Sie rechneten bei der Invasion mit dem Tod von 1,5 Millionen alliierten Soldaten.“[15] Dies ist eine immens hohe Zahl, wenn man bedenkt, dass bei der Landung in der Normandie unter 200.000 amerikanische Soldaten gefallen sind. So lässt es sich nachvollziehen, dass die Amerikaner nach einer Möglichkeit suchen, diese Opferzahlen zu vermeiden, gerade wenn der Feind eigentlich schon besiegt ist. Die sowieso entwickelte Atombombe kam daher wie gelegen für die USA. Sie sei ein „wahres Wunder“[16] und „Truman habe keine Wahl gehabt“[17], denn „Ende Juli waren die fünf großen japanischen Städte Tokio, Osaka, Nagoya, Kobe, Yokohama zu 40 bis 65 Prozent zerstört. Die hauptsächlichen industriellen Ziele […] lagen in Trümmern“[18] und trotzdem gab Japan nicht auf. So war also die Sorge vor hohen Opferzahlen ein Grund für den Einsatz der Atombomben und die Verzweiflung kein Mittel zu finden, Japan zur bedingungslosen Kapitulation zu bringen.

Doch andere Historiker sehen den Einsatz als eine politische Machtdemonstration und als Statement gegenüber Russland.

Amerika und England hatten während des Krieges die Grenzen der Besatzungszonen überschritten. Hätten sie damals dieses Gebiete an Russland übergeben, hätte sich die russische Front auf 600km ausgebreitet und um 200km verschoben. Es bestand sogar die Gefahr, dass Amerika aus Europa abziehen würde. Doch wie hätte sich die Lage in Europa ohne

---

13 Vgl. Cartier, Raymond: Der zweite Weltkrieg 1939-1945. S.1031
14 Vgl. Rademacher, Cay: GeoEpoche. Kriegsende 1945. S.114
15 Fröhlich, Elke: Der zweite Weltkrieg S.221
16 Ebenda S.221
17 Ebenda S.221
18 Vgl. Cartier, Raymond: Der zweite Weltkrieg 1939-1945. S.1050

Gegengewicht zur riesigen Roten Armee entwickelt? So musste eine „Einigung mit Russland [her] oder [man müsse die] Konsequenzen aus der Lage ziehen."[19] Außerdem „erhob sich über dem verwüsteten, politisch zerrüttetem Europa ein drohender Schatten Russlands."[20] Da dieser Konflikt mit Russland unvermeidbar schien, suchten die USA nach einem Mittel, sich als stärkere Macht zu positionieren und Russland davon abzuhalten einen Krieg gegen sie zu führen. Aus dieser Sicht kam die Atombombe mehr als gelegen für die Amerikaner. Doch die USA prahlten nicht mit der Atombombe sondern behandelten sie nach wie vor als streng geheimes Projekt.

Auch als am 17. Juli die Potsdamer Konferenz beginnt, verlieren die Führungskräfte Truman und Churchill kein Wort über ihr Projekt. Der Präsident Amerikas traf bereits am 15. Juli in Potsdam ein. Einen Tag später erhielt er die unscheinbare Meldung „Heute morgen in Betrieb genommen. Diagnose noch nicht vollständig, aber Erfolg erscheint zufriedenstellend und übertirfft bereits Erwartungen..."[21]. Diese Meldung beeinflusste die Verhandlungsführung von den USA und England gegenüber der Sowjetunion während der gesamten Konferenz. Truman wusste jetzt, dass sie ein Machtmonopol besaßen mit dem sie der Sowjetunion bei weitem überlegen waren.

Als die Konferenz begann erhielt Truman von Stalin den Vorsitz in der Plenarsitzung. Doch anstatt wichtige Frage zum weiteren Kriegsverlauf zu klären, stellt Truman die Frage, wie und ob sich Russland am ostasiatischen Krieg beteiligen will. Diese Frage wurde eigentlich bereits zwischen Stalin und dem verstorbenen Präsidenten Roosevelt geklärt, jedoch war die Antwort auf die Frage für Truman äußerst wichtig. Stalin sicherte Roosevelt zu, sich drei Monate nach der Kapitulation Deutschlands am Krieg gegen Japan zu beteiligen. Doch Truman wollte den genauen Tag wissen, damit sie die Atombombe so einsetzen können, um Russland ihre Macht so eindrucksvoll wie möglich zu präsentieren.

---

19 Vgl. Ebenda S.1045
20 Ebenda S.1044
21 Greune, Gerd: Hiroshima und Nagasaki. S.31

Amerika wollte Russland also mit der Atombombe etwas mitteilen: Man braucht sie nicht mehr. Bereits am 17. Juli teilte Churchill mit, dass Russlands Hilfe nicht mehr benötigt würde. Außerdem waren politische Besatzungsinteressen ein Grund dafür, Russland nicht mit in Japan haben zu wollen. So wollte sich Amerika durch den Sieg über Japan ohne russische Hilfe den Anspruch darauf holen, das gesamte Gebiet des Pazifiks und das japanische Gebiet zu besetzen. Auch läutete die Atombombe im Besitz der USA das Ende der Zusammenarbeit zwischen den USA und Russland ein, da Amerika, wie bereits erwähnt, mit Hilfe der Atombombe in der Lage war, Japan alleine zur Kapitulation zu bringen. Sollte sich Russland dennoch gegen Amerika erheben, wären die USA immer noch die einzige atomare Weltmacht gewesen. Amerika musste es also irgendwie schaffen, Russland glauben zu lassen, man brauche ihre Hilfe und vortäuschen, man würde Japan die Chance zur Kapitulation geben ohne dabei den Besitz der Atombomben zu verraten.

Also rief Truman am 24. Juli 1945 Stalin zu sich. Er teilte ihm folgende Worte mit: „Wir haben jetzt eine außergewöhnlich schlagkräftige Bombe."[22] Russland wusste nun, dass Amerika eine besondere Bombe hat, doch ahnten sie nichts von einer Atombombe und erst recht nicht, dass die USA damit den krieg beenden wollen. Auch das Ultimatum an Japan wurde so formuliert, dass Russland weiterhin nichts von einer Atombombe ahnte und Japan gleichzeitig das Ultimatum sicher ablehnen würde. Man drohte mit der schlagartigen und vollständigen Zerstörung Japans. Dieses Ultimatum lehnte Japan wie erwartet ab, da der Stab des Kaisers nicht gesichert wurde und man nichts von dem Einsatz einer Atombombe wusste. Außerdem hoffte Japan, dass Russland sich für sie bei den Verhandlungen einsetzt. Jedoch wollte Stalin Gebiete im Pazifik, weshalb er die Bitten Japans ignorierte.

Später erklärte der stellvertretende Stabschef, dass der Krieg auch vor dem Einsatz einer Atombombe zu Ende sein hätte können. Doch Trumans Wille den Krieg verhältnismäßig friedlich zu beenden war nicht gegeben, denn er

---

22 Ebenda S.33

lehnte zahlreiche Handlungsversuche der Japaner ab. Die Waffe als politisches Mittel zu benutzten, schien zu bedeutsam für Truman gewesen zu sein.

Wie vorher bereits erwähnt, war die Atombombe aus militärischer Sicht nicht notwendig, denn Japan war militärisch geschlagen. Ihre Kriegsmarine war versenkt. Die Luftwaffe flog nur noch vereinzelte, verzweifelte Kamikazeangriffe. Die USA verloren nur 1,9% ihrer Flugzeuge im Vergleich zu Japan und der geplante Kriegseintritt Russlands am 08.August sollte Japan endgültig zur Kapitulation bringen. Dennoch wurde die Atombombe aus heiterem Himmel eingesetzt, um eine größtmögliche Schockwirkung zu erzielen und sich die politische Macht zu sichern.

2.3 Der Einsatz der Atombomben und deren Folgen

Die Hintergründe für den Einsatz der Atombomben sind heute noch umstritten und moralische stark zu hinterfragen. Doch wie lief der Einsatz ab, welche Schäden verursachten die Bomben und welche Folgen erlitten die Japaner, weshalb immer noch viele Menschen Truman für den Einsatz der Bomben verurteilen.

Die finale Phase begann am 2. August 1945. An diesem Tag wurde der Befehl Nr. 13, der streng geheim war, unterzeichnet. Schon einen Monat im Voraus wurde der Befehl erteilt, mögliche Ziele zu bestimmen. „Das Komitee hatte folgende Liste zusammengestellt: 1.Hiroshima (großer Hafen, militärisch wichtige Stadt); 2.Kokura (wichtiges japanisches Arsenal); 3.Niigata (großer Hafen, Ölraffinerie, Aluminiumfabrik usw.) 4.Kyoto (manigfaltige Kriegsindustrie)"[23]. Da die Stadt Kyoto für Japan ein Heiligtum war, wurde sie durch Nagasaki, ebenfalls einer Hafenstadt, ersetzt. Letztendlich war Hiroshima das Haupt- und Kokura sowie Nagasaki die Nebenziele. Doch warum Hiroshima und Nagasaki? Hiroshima war eine Hafensatdt und somit ein Umschlagplatz für industrielle Güter, die Japans Armee noch halbwegs aufrecht erhielten. Außerdem waren viele Soldaten dort stationiert. Man konnte der Armee also einen wichtigen Schlag

---

23 Cartier, Raymond: Der zweite Weltkrieg 1939-1945. S.1044

verpassen. Nagasaki war ebenfalls eine Hafenstadt und dort war die Schwer- und Rüstungsindustrie ansässig. Mit der Zerstörung der Stadt konnte man verhindern, dass Japan neue Kriegsmittel herstellt. Der Angriff auf Hiroshima war für den 3. August geplant, wurde jedoch verschoben, da das Wetter einen sicheren Einsatz verhindert hatte. So war am 4. August die Einweisung der Piloten. Daraufhin starten in der Nacht zum 6. August 1945 7 Bomber des Typs B29. Drei von ihnen sollen die Wetterlage erkunden. Die Atombombe „Little Boy" wurde von dem umgebauten Bomber „Enola Gay" transportiert. Sie wurde von zwei weiteren Flugzeugen begleitet. Eins sollte die Sprengkraft der Atombombe messen, die sich von der Trinity-Bombe unterschied. Das zweite Begleitflugzeug hatte die Aufgabe Foto- und Filmaufnahmen zu machen. Der siebte Bomber war ein Ersatzflugzeug, dass bei Komplikation benutzt werden konnte.

Die Erkundungsflugzeuge meldeten klaren Himmel über Hiroshima worauf hin die „Enola Gay" das chiffrierte Telegramm „Empfehlung: erstes Objekt"[24] erhielt. Um 8:13 erreichen die drei Flugzeuge Hiroshima. Um 8:14 wird die Bomben aus der Bombenluke geworfen und gleitet an einem Fallschirm gen Boden. Eine Minute später um 8:15 detoniert die Atombombe „Little Boy" etwa 580 Meter über Hiroshima.

Eine riesige „Supersonne", oder von vielen Japanern auch „Todessonne" genannt, blitzt über Hiroshima auf. Bei dieser Explosion wurden 80.000 Menschen vernichtet, deren Körper man später bergen konnte. 14.000 weiter Menschen verschwanden unauffindbar und weit über 100.000 starben an den Folgen der Bombe noch Jahre nach dem 06. August.

Aus amerikanischer Sicht war die Mission ein voller Erfolg. Die Ausmaße der Detonation waren sogar noch größer als man erwartet hatte.

Die zweite Bombe, zu Ehren Churchills „Fat Man" genannt, wurde am 09. August um 11:02 über Nagasaki abgeworfen. „Der atomare Sprengstoff war dieses Mal Plutonium, bei der „Little Boy" wurde Uran verwendet, und hatte eine Sprengkraft von 20.000-22.000t TNT"[25]. Die „Fat Man" tötete 70.000 Menschen.

---

24 Greune, Gerd: Hiroshima und Nagasaki. S.17
25 Vgl. Ebenda S.18

Doch auf welche Art und Weise tötet eine einzige Bombe so viele Menschen?

Dazu sei gesagt, dass eine Atombombe drei Kräfte entfesselt, die ihre Opfer töten. Als erste Kraft breitet sich die thermale Zerstörung durch enorme Hitze aus. Die Flammenkugel die oft als „Todessonne" beschrieben wird „erreicht nach 1/10.000 Sekunde einen Durchmesser von 28 Metern und ist 300.000C° heiß. [Zum Vergleich: Die Temperatur von flüssigem Magma beträgt zwischen 700C° und 1250C°.] Nach 2/10.000s erreicht sie einen Durchmesser von 180 Metern und 1700C° und nach 5/10.000s erhitzt sie sich wieder auf 7000C°. Nach einer Sekunde wird die größte Ausdehnung mit 280 Metern im Durchmesser und 5000C° erreicht."[26] Auf dem Boden tritt die Hitzewirkung nach etwas einer 1/100s für ungefähr 3 Sekunden ein. Die Menschliche Haut erleidet noch 4km vom Hypozentrum, dem zentralen Ort, an dem die Bombe explodiert, Verbrennungen. Bis zu einer Entfernung von 3,5km entzünden sich Gegenstände. Der Boden unter dem Hypozentrum ist 3.000 bis 4.000C° heiß. „In einem Umkreis von 1,5km war die Hitze 200 Mal so stark wie Sonnenstrahlen bei klarem Himmel."[27] Bei den Atombombenexplosionen wurde außerdem ein Phänomen beobachtet, bei dem Menschen binnen Bruchteilen vollständig verdampfen. Die Körper der Menschen und Gegenstände hinterlassen sogenannte Brandschatten. Dies sind Abbildungen der Gegenstände, da die Hitze in ihrem Schatten nicht so stark war, wie drumherum und somit die Verfärbung durch die Hitze unterschiedlich ausfällt.

Doch nicht alle Brandopfer kamen direkt zum Zeitpunkt der Explosion zu Stande. Viele Menschen waren in den eingestürzten Häusern gefangen und erlagen dem, durch die Bombe ausgelösten, Flächenbrand der sich teilweise mit einer Geschwindigkeit von 60 m/s ausbreitete. So kam es, dass der Hitze die meisten Menschen zum Opfer fielen.

Die Zweiter Kraft die entfesselt wird, sind Druckwellen mit gigantischen Kräften.

Die Detonation der Atombomben sorgt dafür, dass ein sehr hoher Luftdruck

---

26 Vgl. Ebenda S.43
27 Vgl. Ebenda S.43

entsteht, welcher im Hypozentrum mehrere Millionen Millibar erreicht. Der Druck breitet sich Wellenförmig mit Überschallgeschwindigkeit aus. Demnach legt er in 10 Sekunden 4km und in 30 Sekunden 11km zurück. Nach den 11km schwächt der Druck langsam ab. Dieser Luftstrom vom Hypozentrum weg, sorgt für einen Unterdruck und einen damit verbunden Rücksog in Richtung Hypozentrum. Diese Druckwellen treffen wiederum aufeinander und lösen eine massive Druckwelle aus. Diese ist so stark, dass Menschen hunderte Meter durch die Luft geschleudert wurden und bei ihrem Aufprall sofort tot waren. Häuser stürzten auch noch in 4km Entfernung einfach ein. Weitere Menschen starben durch die herumfliegenden Trümmer die die Druckwellen durch die Gegend schleuderten.

Die dritte und letzte Kraft ist die Radioaktivität.

Sie besteht aus Gammastrahlen und Neutronen. Die Neutronen lagern sich in den menschlichen Zellen ab und lassen dort Betastrahlen entstehen. Diese zerstören das Knochenmark und andere Körperzellen. Der radioaktive tot ist langsam und qualvoll. Häufig beginnen die Opfer Blut zu spucken und ihre Organe versagen so, dass sie es tagelang mitbekommen und nur auf ihren Tod warten. Diese tödlichen Strahlen waren in Hiroshima etwa bis 1020 Meter vom Hypozentrum entfernt und in Nagasaki bis ungefähr 1200 Meter. Das Fatal an der Strahlung war, dass sie nicht wie die Hitze und die Druckwelle schnell wieder verschwand, sondern noch Menschen tötete die erst Tage nach der Detonation in die Städte kamen, um den Opfern zu helfen. „Außerdem kam es zum radioaktiven Fallout, Winzige radioaktive Teilchen befanden sich eine gewisse Zeit in der Atmosphäre und sanken langsam zu Boden, in dem sie sich ablagerten. Stoffe wie Strontium 90 und Cäsium 137 mit einer Halbwertszeit von 25 und 37 Jahren waren hauptsächlich bei diesem Fallout vorhanden."[28] Man kann sie also heute noch in Hiroshima und Nagasaki nachweisen und sie sind genauso tötlich wie damals, nur die Dosis hat sich verringert. Auch waren die Folgen der Strahlung damals nicht bekannt, weshalb man keine wirksamen

---

28 Vgl. Ebenda S.54

Schutzmaßnahmen nach den Explosionen traf und viele Leute unnötiger Weise starben. Viele Leute erkrankten an Krebs und Leukämie. Die USA verbot außerdem Berichte über die Opfer von Hiroshima und Nagasaki.

Die sozialen Folgen für die Opfer der Atombomben waren immens. Es gab eine schockierende Zahl an getöteten Menschen, zig zerrissene Familien, Kinder, Alte und Kranke die niemanden hatten, der sich um sie kümmerte. Auf einen Schlag waren viele Kinder Waisen und unzählige Familien waren vollständig ausgelöscht. Viele Freund- und Nachbarschaften wurden auseinandergerissen, was große Auswirkungen auf das Sozialleben hatte. Es gab kaum noch Nachbarschaftshilfe für die Menschen und jeder musste für sich selber sehen, wie er zurecht kommt. Außerdem wurden viele Menschen von Schuldgefühlen geplagt, da sie in ihrer panischen Flucht Freunde und Verwandte einfach in den Flammen zurückgelassen haben um ihr Leben zu retten. „Hibakusha wurden die Überlebenden von Hiroshima und Nagasaki genannt:Die Bombenopfer"[29] Diese Bombenopfer befanden sich offt in einem Teufelskreis aus Armut und Krankheit. „So mussten sie arbeiten, um Nahrung sie bekommen, konnten dies jedoch durch ihre Krankheit nicht tun, da sie von der Gesellschaft oft ausgestoßen wurden und die Regierung die Opfer vertuschen wollte."[30] Erst 1952 trat ein Gesetz in Kraft, dass die Behandlung der Hibakusha unentgeltlich machte.

Einen Monat nach den Angriffen der USA und dem Einsatz dieser grauenvollen Vernichtungswaffe unterzeichnet der japanische Kaiser den Kapitulationsvertrag auf dem amerikanischen Kreuzer „Missouri".

Japan wurde fast vollständig von Amerika besetzt und entmilitarisiert, Außerdem wurde das faschistische Tenno-System abgeschafft. Man verscht Japan zu demokratisieren. Lieberale-, Kommunistische-, Sozialistische- und Frotschrittsparteien werden wieder aktiv

Noch heute ist nicht alles über die genauen Folgen der beiden Atombomben bekannt, weil Amerika immer noch wichtige Film- und Fotomaterialien zurückhält. Einige Dokumente wurden 30 Jahre nach dem August 1945 veröffentlicht, doch diese geben noch lange nicht über alles Aufschluss und

---

29 Rapemacher, Cay: GeoEpoche. S.130
30 Vgl. Greune, Gerd: Hiroshima und Nagasaki. S.65

viele Fragen bleiben offen, die vorerst nur wenige Amerikaner wissen. Feststeht, dass die offiziellen Opferzahlen von 200.000 untertrieben sind. Durch das heutigen Wissen über die Folgen von radioaktiver Strahlung weiß man, dass man über 300.000 Menschen zu den Opfern zählen muss, da noch Jahre nach den entscheidenden Tagen Menschen an der Strahlung gestorben sind und sterben. Auch gab es viele Menschen die ausgewandert sind und nicht mit in die Statistik aufgenommen werden sowie nicht genau gezählte, in den Städten stationierte, Soldaten.

Ein Atombombeneinsatz ist nicht einfach an Hand der Sprengkraft zu vergleichen. Man kann also nicht sagen, eine Atombombe ist der Einsatz vieler tausender herkömmlicher Bomben, da die Nachwirkungen um ein Vielfaches schlimmer ausfallen, als bei herkömmlichen Bomben. Außerdem ist der Vernichtungsradius viel größer, da sich die Energie, durch die Detonation in der Luft, viel weiter ausbreitet.

Im Großen und Ganzen lässt sich also sagen, dass die Folgen der Atombomben grauenvoll für die Zivilbevölkerung waren und immer noch sind. Die Gründe für den Einsatz sind mehr als fragwürdig und nicht zu erklären. Die Atombomben läuteten eine neue Ära ein und stellten eine neue Weltordnung dar. Eine Weltmacht war man nur noch, wenn man im Besitz von atomaren Waffen war. Dies erweckt den Eindruck, dass selbst friedliche politische Beziehungen nur zu Stande kommen, weil man dem Partner immer zeigt, wie man mit einer Hand schon auf dem Auslöser der Atomrakete verweilt und sollte dieser nicht entgegenkommend sein, wird dieser Auslöser gedrückt. Dies kann man nur umgehen in dem man auch eine atomare Waffe besitzt und so ein ständiger Zustand der gegenseitigen Bedrohung mit der Waffe stattfindet.

3. Fazit

Die Entdeckung und der Einsatz der Atombombe ist unbestritten ein Beweis für die Unmenschlichkeit der Menschheit. Man fragt sich, wie Menschen in der Lage sind, eine Waffe zu entwickeln, die binnen Sekunden hunderttausende Zivilisten umbringt. Die Geschichte der Atombombe begann also mit einem einfachen Experiment, bei dem getestet wurde, ob man einen Atomkern tatsächlich nicht spalten kann und endete als mächtigste Waffe in der Geschichte der Menschheit. Es war ein geheimes Wettrüsten gegen Deutschland und wurde von Wissenschaftlern entwickelt, die die Welt nur vor dem Naziregime schützen wollten. Doch letzten Endes wurde ihre Entdeckung für einen kaltblütigen Massenmord benutzt. Die Waffe wurde als politisches Mittel eingesetzt und hunderttausende unschuldige Menschen verloren ihr Leben, damit ein Präsident seine Macht demonstrieren konnte. Es ist wohl einer der umstrittensten Einsätze in der Geschichte Amerikas und sorgt heute noch für viele Diskussionen. Die Atombomben läuteten eine neue Ära ein und viele Weltmächte rüsteten sich ebenfalls mit Atombomben aus. Zum einen mag das für eine gewisse Sicherheit sorgen, da jede Macht weiß, dass der potentielle Gegner ebenfalls im Besitzt dieser mächtigen Waffe ist, andererseits gibt es Nationen die Chance unzählige Menschenleben binnen Sekunden auszulöschen.

Die größten Atommächte besitzen heute mehrere tausend Atomwaffen. Zwar gab es einen Vertrag, der die Abrüstung der atomaren Waffen beinhalten, jedoch ist damit nicht die vollständige Abrüstung gemeint, sondern ein Maximum von ungefähr 1000 Atomwaffen pro Nation. Bedenkt man welchen Schaden allein zwei Bomben vor rund 70 Jahren ausgerichtet haben, möchte man sich nicht vorstellen, welche Kräfte selbst nach der Abrüstung noch in den Händen der Politiker liegen.

Es ist für jeden einzelnen Menschen zu hoffen, das so eine Katastrophe der Menschlichkeit wie in Hiroshima und Nagasaki nie wieder vorkommt. Albert Einstein sagte eins: „Ich bin nicht sicher, mit welchen Waffen der dritte Weltkrieg ausgetragen wird, aber im vierten Weltkrieg werden sie mit Stöcken und Steinen kämpfen."[31] Und diese Aussage ist nicht sehr unwarscheinlich, wenn man sich zurückerinnert, dass Truman die Bomben nur zur Demonstration seiner Macht benutzte oder aus Sicht anderer Historiker um einen Krieg endlich zu beenden. Wie würden die

---

[31] Einstein, Albert.

Atombomben jedoch in einem Weltkrieg benutzt werden, in dem noch alles offen ist und es darum geht, den Gegner schnell zu vernichten, bevor er es tut?

4. Literaturverzeichnis

- Cartier, Raymond: Der zweite Weltkrieg. 1939-1945 Weltgeschichte des 20. Jahrhunderts. 7. Auflage. München. (1967)
- Fröhlich, Elle: Der zweite Weltkrieg. Eine kurze Geschichte. Stuttgart. (2013)
- Gaede, Peter-Matthias (Hrsg.) / Gottschalk, Gera: GeoEpoche. Der Zweite Weltkrieg. Teil 2 1943-1945. Hamburg. (2010)
- Gaede, Peter Matthias (Hrsg.) / Otto, Frank: GeoEpoche. Das kaiserliche Japan. Hamburg. (2006)
- Gaede, Peter Matthias (Hrsg.) / Rademacher, Cay: GeoEpoche. Kriegsende 1945. Hamburg. (2004)
- Greune, Gerd (Hrsg.): Hiroshima und Nagasaki. 2. Auflage. Köln. (1983)
- Hall, Prof. John. W.: Welt Geschichte. Das japanische Kaiserreich. Augsburg. (2000)
- Inoue, Kiyoshi: Geschichte Japans. Köln. (2003)

BEI GRIN MACHT SICH IHR WISSEN BEZAHLT

- Wir veröffentlichen Ihre Hausarbeit,
  Bachelor- und Masterarbeit

- Ihr eigenes eBook und Buch -
  weltweit in allen wichtigen Shops

- Verdienen Sie an jedem Verkauf

Jetzt bei www.GRIN.com hochladen und kostenlos publizieren